BEI GRIN MACHT SICH IHR WISSEN BEZAHLT

- Wir veröffentlichen Ihre Hausarbeit, Bachelor- und Masterarbeit

- Ihr eigenes eBook und Buch - weltweit in allen wichtigen Shops

- Verdienen Sie an jedem Verkauf

Jetzt bei www.GRIN.com hochladen und kostenlos publizieren

Autogenes Training. Ein autosuggestives Entspannungsverfahren

GRIN ☺

Bibliografische Information der Deutschen Nationalbibliothek:

Die Deutsche Nationalbibliothek verzeichnet diese Publikation in der Deutschen Nationalbibliografie; detaillierte bibliografische Daten sind im Internet über http://dnb.d-nb.de abrufbar.

ISBN: 9783346579263
Dieses Buch ist auch als E-Book erhältlich.

© GRIN Publishing GmbH
Nymphenburger Straße 86
80636 München

Druck und Bindung: Books on Demand GmbH, Norderstedt Germany
Gedruckt auf säurefreiem Papier aus verantwortungsvollen Quellen

Das vorliegende Werk wurde sorgfältig erarbeitet. Dennoch übernehmen Autoren und Verlag für die Richtigkeit von Angaben, Hinweisen, Links und Ratschlägen sowie eventuelle Druckfehler keine Haftung.

Das Buch bei GRIN: https://www.grin.com/document/1169043

Autogenes Training

Ein autosuggestives Entspannungsverfahren

Inhaltsverzeichnis

1. Einleitung

In einer schnelllebigen Gesellschaft wie es die Heutige ist, fühlen sich viele Menschen von äußeren und inneren Umständen gestresst. Der stetige Zeit- und Leistungsdruck löst ein Spannungsgefühl aus, welches sich auf Dauer negativ auf die körperliche sowie die psychische Gesundheit auswirken kann (Gerring, 2016, S. 472 f.).

Deshalb wird es immer wichtiger, Bewältigungsstrategien und Ausgleichsmöglichkeiten zu schaffen. Dies gelingt unter anderem durch Entspannungsmethoden wie dem Autogenen Training (AT). Die beruhigende Wirkung dieses autosuggestiven Verfahrens fördert das menschliche Wohlbefinden (American Psychological Association, 2020).

Die Relevanz des Themas wird deutlich bei einem Blick auf die Quantität an Betroffenen, welche durch Stress belastet sind. Aus einer repräsentativen Umfrage der Techniker Krankenkasse (2016) geht hervor, dass sich jede*r zweite Deutsche gestresst fühle und jede*r Fünfte unter Dauerstress stünde (Homberger & Wohlers, 2016).

Die empirische Wirksamkeit des AT wird seit Jahrzehnten erforscht und konnte in zahlreichen wissenschaftlichen Untersuchungen bestätigt werden. Der aktuelle Erkenntnisstand zeigt, dass das AT gesundheitsfördernd auf verschiedene Körperfunktionen, Verhaltensweisen, Emotionen und Kognitionen wirkt (Grote, 2013). Es liegt nahe, diesen positiven Einfluss in Zusammenhang mit der menschlichen Gesundheit zu stellen und als effektive Stressbewältigungsmethode anzuerkennen.

Ziel der vorliegenden Arbeit ist es, einen Einblick in das Themenfeld des AT zu ermöglichen. Dies erfolgt anhand der Beschreibung von Methode und Wirkungsweise. Des Weiteren wird der Ablauf des AT und die darin enthaltenen Bestandteile aufgeführt. Außerdem wird die Anwendung im therapeutischen Arbeiten thematisiert und auf die Ausbildungsmöglichkeiten eingegangen. In einem subjektiven Bericht der Autorin wird von eigenen Erfahrungen in diesem Bereich berichtet. Angestrebt wird die Kenntnisnahme des AT als wirksames Entspannungsverfahren zur Förderung der körperlichen und psychischen Gesundheit.

2. Theoretischer Hintergrund

Im folgenden Kapitel werden theoretische Grundlagen zu den Themen Autosuggestion sowie Anspannung und Entspannung erläutert, da diese zentral für das AT sind. Dazu erfolgt eine Definition der Begrifflichkeiten sowie eine allgemeine Beschreibung.

2.1 Autosuggestion

Bei der Autosuggestion handelt es sich um eine Methode zur Selbstbeeinflussung. Sie beschreibt einen Prozess, bei welchem die eigenen körperlichen, psychischen und behavioralen Vorgänge anhand von Selbst-Affirmationen umprogrammiert werden. Die Beeinflussung der Körperfunktionen erfolgt über das vegetative Nervensystem (Rauch, 2006, S. 9.).

Unter regelmäßiger Wiederholung der Affirmationen werden diese im Unbewussten gefestigt, wodurch eine Automatisierung der suggestiven Effekte erzielt werden kann (ebd., S. 69).

Das AT ist ein autosuggestives Entspannungsverfahren. In Form von sich wiederholenden Formelsätzen werden unbewusste Befehle an das vegetative Nervensystem abgegeben, woraufhin Körper und Geist in einen tranceähnlichen Zustand versetzt werden (Grasberger, 2015, S. 11 f.).

2.2 Anspannung und Entspannung

Der Mensch braucht einen Ausgleich zwischen Anspannung und Entspannung, um im gesunden Gleichgewicht zu bleiben (Krapf & Krapf, 2013, S. 22). Oftmals sind Stresssituationen der Auslöser für Spannungszustände, welche als Reaktion auf extrene oder interne Bedingungen eintreten. Werden die vorhandenen Ressourcen als unzureichend zur Bewältigung der gestellten Anforderungen eingestuft, entsteht ein Gefühl von Stress und Anspannung (Gerring, 2016, S. 472 f.). Ausschlaggebend ist die Befürchtung, eine stark aversive, zeitlich nahe oder bereits eingetretene Situation, deren Vermeidung als subjektiv relevant empfunden wird, nicht kontrollieren zu können (Aichinger, 2003).

Ausgleichend wirkt Entspannung. Dabei handelt es sich um ein angeborenes Reaktionsmuster, welches auf körperlicher, behavioraler und/oder kognitiv-emotionaler Ebene abläuft (Hoffmann, 2017). Charakteristisch für den Entspannungszustand sind Empfindungen der inneren Ruhe und des allgemeinen Wohlempfindens. Um sich in einen Entspannungszustand versetzen zu können, muss die Loslösung von stressverstärkenden Gedanken erfolgen (Gerring, 2016, S. 495). Dies ist anhand vielzähliger Methoden möglich, z. B. Lesen oder Spazieren gehen. Auch das AT gilt als wirksames Entspannungsverfahren (Hoffmann, 2017).

Erfolgt kein Ausgleich zwischen Anspannung und Entspannung, entstehen auf Dauer Überspannungen. Deren Auswirkungen sind auf körperlicher sowie psychischer Ebene bemerkbar und können zu negativen Langzeitfolgen führen (Krapf & Krapf, 2013, S. 22).

3. Das Autogene Training

Das AT ist eine Methode zur selbstgesteuerten Entspannung, welches in den 1920er Jahren von dem deutschen Psychiater und Psychotherapeuten Johannes Heinrich Schultz eingeführt wurde. Dabei wird ein innerer Zustand der körperlichen und daraus resultierenden psychischen Entspannung mithilfe von Autosuggestion hervorgerufen (Grasberger, 2015, S. 9 f.).

Es handelt sich um „ein vom Selbst (autos) sich entwickelndes (gen = werden) und das Selbst gestaltendes systematisches Üben (Training)" (Schultz, 2003, S. 1). Praktizierende erzeugen also über Selbstbeeinflussung einen Entspannungszustand (ebd.).

Im folgenden Kapitel wird zunächst das AT als Methode vorgestellt, indem auf allgemeine Informationen eingegangen wird. Anschließend wird die Wirkungsweise beschrieben. Um einen tieferen Einblick in das AT und dessen Kernbestandteile zu ermöglichen, wird der reguläre Ablauf einer Trainingssitzung dargestellt.

3.1 Vorstellung der Methode

Im AT wird die Aufmerksamkeit gezielt weg von Alltagsgedanken hin auf körperliche Empfindungen gelenkt. Beispielsweise kann sich auf den rechten Arm konzentriert und das Gefühl von angenehmer Schwere vergegenwärtigt werden oder wohltuende Wärme in der Magengegend. Die Aufmerksamkeitslenkung erfolgt anhand von Visualisierungen, Atemkontrolle und bestimmten Formelsätzen, welche während des AT abgerufen werden. Durch das Wiederholen der Formeln stellt sich nach einiger Übungszeit der Entspannungszustand automatisch ein (American Psychological Association, 2020).

Das AT wird in die Unterstufe und die Oberstufe gegliedert. In der Unterstufe geht es darum, körperliche Prozesse wahrzunehmen und teilweise zu beeinflussen. Es werden die Ruhetönung und sechs grundlegende Übungen erlernt, auf welche in Kapitel 3.3 genauer eingegangen wird (Grasberger, 2015, S. 12). Um die Unterstufe zu erlernen, sollten ca. sieben bis acht Wochen eingeplant werden (ebd., S. 15).

Die Oberstufe besteht aus elf Übungen, welche bereits einen meditativen Charakter haben und zur tiefergehenden Einsicht in das innere Erleben dienen. Es werden mentale Visualisierungen entwickelt, welche nachfolgend in das Bewusstsein übertragen und gegebenenfalls interpretiert werden können. In der Oberstufe kann ein vertieftes Selbstverständnis erfolgen, wodurch unbewusste Belastungen erforscht und an deren Bewältigung gearbeitet werden kann (Krapf & Krapf, 2013, S. 22 f.). Alternativ wird der Begriff „Autogene Meditation" genutzt (Brenner, 2010, S. 9).

Durch das AT kann Stress abgebaut und eine dauerhaft bessere Regulation der Körpersysteme gefördert werden. Außerdem kann es in jeder belastenden Situation distanzierend eingesetzt werden, sodass das Stressempfinden umgehend reduziert wird und eine bessere Problembewältigung möglich ist (Krapf & Krapf, 2013, S. 25). Des Weiteren ermöglicht das AT eine vertiefte Innenschau, wodurch verborgene Gefühle und unbewusste Konflikte aufgedeckt werden können (ebd., S. 22). Je häufiger die Übungen angewandt werden, desto effektiver wird das AT (Grasberger, 2015, S. 6).

3.2 Wirkungsweise

Durch Stress entsteht eine innere Unruhe, welche sich zu einem Spannungsgefühl steigern kann. Dieses wiederum kann zu einem Gefühl der Enge und/oder Angst führen. Betroffene geraten in einen Kreislauf aus Unruhe, Spannung und Enge bzw. Angst (Krapf & Krapf, 2013, S. 22). In Abbildung 1 ist ein solcher Kreislauf dargestellt.

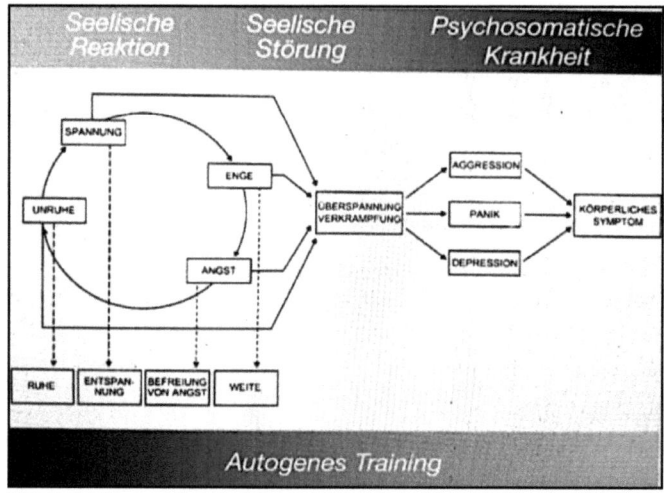

Abb. 1: Wirkungsweise des Autogenen Trainings (Krapf & Krapf, 2013, S. 22)

Wie in Abbildung 1 ersichtlich ist, entsteht aus diesem Kreislauf oftmals eine Überspannung. Je nach inneren sowie äußeren Bedingungen folgt z. B. eine aggressive oder depressive Reaktion. Als Folge dessen kann eine psychosomatische Symptomatik entstehen, z. B. Kopfschmerzen. Hier setzt das AT an, denn durch das Reduzieren der Spannung und das Erzeugen von Entspannung wird das Gleichgewicht dieser beiden Komponenten hergestellt. Das Gefühl der inneren Unruhe sowie von Enge bzw. Angst können gelindert und Überspannungen gelöst werden (Krapf & Krapf, 2013, S. 22 f.).

Befehle an das vegetative Nervensystem in Form von Formelsätzen verändern die psychischen und körperlichen Reaktionen (Grasberger, 2015, S. 11). Entscheidend ist, die entspannungsfördernden Visualisierungen mit fokussierter Aufmerksamkeit vorzustellen und die Aufmerksamkeit zu halten (ebd., S. 8).

Die im AT erzielte Ruhe und Erholung hat zahlreiche Auswirkungen auf körperliche Funktionsweisen. Beispielsweise nimmt die Muskelspannung sowie die Atemfrequenz ab, die Durchblutung sowie die Körpertemperatur steigen und der Blutdruck sinkt. Zusätzlich wird die Funktionsweise des Gehirns beeinflusst, da die Alpha-Wellen ansteigen (Brenner, 2010, S. 14 ff.) Auf psychischer Ebene sind positive Effekte auf die Emotionsregulation, die Selbstwirksamkeit, das Selbstkonzept sowie auf die Stärkung der eigenen Fähigkeiten zu beobachten (Stumm, 2011, S. 131).

In einer Studie von Brenner (2004) wurde die Wirksamkeit des AT untersucht. Die Ergebnisse zeigen, dass sich AT positiv auf zahlreiche Körperfunktionen auswirken kann und demnach eine Verbesserung verschiedener Beschwerden erzielt werden kann, z. B. bei Reizbarkeit, Nervosität, Angstzuständen und Schlafstörungen (Grote, 2013). In Anhang A1 ist eine Zusammenfassung der relevanten Studienerkenntnisse ersichtlich. Zahlreiche weitere Studien weisen die Wirksamkeit des AT empirisch nach (ebd.).

Oftmals kann bei den ersten Anwendungen kein oder nur ein kleiner Effekt erzielt werden, da noch keine Generalisierung stattgefunden hat. Durch regelmäßiges Üben automatisieren sich die Abläufe und der Körper stellt sich schneller und wirksamer auf die Versenkung ein (Grasberger, 2015, S. 6).

3.3. Ablauf

Im Folgenden wird der Verlauf des AT dargestellt. Dabei wird ausschließlich auf die Unterstufe eingegangen, da diese aufgrund der häufigen Anwendung als relevant einzustufen ist. Zunächst werden die Rahmenbedingungen erläutert, daraufhin werden die sechs Grundübungen vorgestellt.

Der erste Schritt ist eine angenehme Übungsposition. Die Übungen im Rahmen des AT sollten aufgrund der entspannungsfördernden Wirkung entweder auf dem Rücken liegend oder in der Droschkenkutscherhaltung sitzend erfolgen (Schultz, 2003, S. 16 ff.). Durch Ausprobieren kann eine subjektiv bequeme Position gefunden werden. Körperschmuck sollte abgelegt werden und Arme sowie Beine sollten sich nicht berühren (Grasberger, 2015, S. 17 f.).

Um sich im AT einzufinden, wird der „konzentrative Blick" angewandt. Bei dieser Augenstellung ist der Blick auf den Punkt zwischen den Augenbrauen gerichtet. Anschließend werden die Augen geschlossen, während der Punkt weiterhin fokussiert und tief ein- und ausgeatmet wird. Der „konzentrative Blick" verstärkt die Versenkung (Hoffmann, 2017).

Jedes AT beginnt mit der Ruhetönung, welche als Einstimmung auf die Übung fungiert. Der Formelsatz lautet: *„Ich bin ganz ruhig"* oder *„Ich bin ganz ruhig und entspannt"*. Somit kommen Körper und Geist zur Ruhe. Mit der Ruhe beginnt die Entspannung (Schultz, 2003, S. 22).

Am Ende des AT erfolgt die Rücknahme, um Körper und Geist aus der Versenkung zurück in das Hier und Jetzt zu befördern. Zuerst werden die Arme und Beine angespannt, anschließend tief eingeatmet und dann die Augen geöffnet (Grasberger, 2015, S. 22 f.). Die Rücknahme ist ein wichtiger Bestandteil des AT, auf welchen nicht verzichtet werden sollte. Ansonsten könnten Teilnehmende in einem Zustand verharren, der es ihnen erschwert, ihren Alltag bei klarem Bewusstsein fortführen. Auf die Rücknahme zu verzichten ist nur unter besonderen Umständen sinnvoll, z. B. wenn das AT zum Einschlafen genutzt wird (Hoffmann, 2017).

Zwischen der Ruhetönung und der Rücknahme findet der Kernbestandteil des AT statt: Die sechs grundlegenden Übungen: (1) Die Schwereübung, (2) die Wärmeübung, (3) die Herzübung, (4) die Atemübung, (5) die Sonnengeflechtsübung und (6) die Stirnübung (Brenner, 2010, S. 20). In der Regel werden alle sechs Übungen in der oben genannten Reihenfolge durchgeführt. Je nach Übungsstand der Teilnehmenden können aber auch nur einzelne Übungen erfolgen (Grasberger, 2015, S. 7).

(1) Die Schwereübung

Da eine entspannte Muskulatur ein Schweregefühl hervorruft, soll die Vorstellung einer beruhigenden Schwere erlernt werden. Vom dominierenden Arm aus kann diese im Körper verbreitet werden. Die entsprechende Formel lautet: *„Der rechte Arm ist schwer"*. Anhand dieser Formel erhält das vegetative Nervensystem den Befehl, den Muskeltonus zu senken, wodurch das Gefühl von Schwere entsteht (Schultz, 2003, S. 24 ff.).

Um das Schweregefühl zu verstärken, können Visualisierungen eingesetzt werden. Beispielsweise kann sich vorgestellt werden, dass der Arm von einer schweren Tasche heruntergezogen wird oder ein Baby lange getragen und eben abgesetzt wurde (vgl. persönliche Kommunikation, J. Rott, 04.11.2020).

(2) Die Wärmeübung

Auch bei der Wärmeübung soll der ganze Körper von einem bestimmten Körperteil aus erwärmt werden. Begonnen wird ebenfalls beim dominierenden Arm. Der Formelsatz für diese Übung lautet: *„Der rechte Arm ist warm"*. Aufgrund des unbewussten Befehls an das vegetative Nervensystem setzt eine biologische Reaktion ein. Die Blutgefäße weiten sich, wodurch der Körper besser durchblutet wird. Die Folge ist eine Entspannung der Gefäße und damit einhergehend eine allgemeine Beruhigung (Schultz, 2003, S. 59 ff).

Das Wärmegefühl kann z. B. durch die Vorstellung verstärkt werden, der Arm würde in warmes Wasser getaucht oder das Bein würde von der Sonne bestrahlt werden (vgl. persönliche Kommunikation, J. Rott, 04.11.2020).

(3) Die Herzübung

Bei der Herzübung, einer Rythmusübung, wird die Beruhigung des Herzschlags angestrebt, um Körper und Geist tiefer in die Versenkung einzubetten und so die Ruhe und Entspannung aus den vorangegangenen Übungen zu festigen. Der Formelsatz lautet: *„Das Herz schlägt ruhig und gleichmäßig"*. Der physiologische Effekt ist eine Entspannung der Gefäße, wodurch das Herz eine erhöhte Blutversorgung erhält. Dadurch wird weniger Sauerstoff verbraucht und der Herzschlag verlangsamt sich. Das Entspannungsgefühl vertieft sich. Dabei sollte nicht versucht werden, den Herzschlag in Tempo oder Intensität zu verändern, sondern eine passive Beobachtungshaltung eingenommen werden (Schultz, 2003, S. 81 ff.).

Sich vorzustellen, wie das Herz mit Blut versorgt wird und sich regeneriert, ist hier eine hilfreiche Visualisierung (vgl. persönliche Kommunikation, J. Rott, 04.11.2020).

(4) Die Atemübung

Die Atemübung ist ebenfalls eine Rythmusübung. Hier ist eine ruhige und gleichmäßige Atmung das Ziel, ohne diese bewusst zu beeinflussen. Der Formelsatz der Atemübung lautet: *„Die Atmung ist ruhig"* oder *„Die Atmung ist ruhig und gleichmäßig"*. Diese Formeln wirken ausgleichend auf die Atemfrequenz und verlangsamen diese. Zusätzlich werden die Ein- und Ausatmungsphasen verlängert. Neben den physiologischen Effekten trägt die passive Selbstbeobachtung zur allgemeinen Beruhigung bei. Wichtig ist, die Atmung nicht steuern zu wollen, sondern diese als Bestandteil des Entspannungszustandes lediglich wahrzunehmen (Schultz, 2003, S. 86 ff.).

Als Visualisierungen sind Bilder mit gleichmäßigen Rhythmen zu empfehlen, z. B. der Ast eines Baumes, der sich im Wind bewegt oder die Wellen eines ruhigen Meeres (vgl. persönliche Kommunikation, J. Rott, 04.11.2020).

(5) Die Sonnengeflechtsübung

Die Sonnengeflechtsübung richtet sich an die inneren Organe, insbesondere an das Verdauungssystem. Eine Regulation und Beruhigung der Organe wird angestrebt. Der Formelsatz lautet: *„Das Sonnengeflecht ist strömend warm"*. Dies hat den Effekt, dass die gastrische Temperatur erhöht und dadurch die Schleimhautdurchblutung gefördert wird. Ein Gefühl der wohltuenden Wärme in dieser Region entsteht (Hoffmann, 2017).

Das mentale Bild eines angenehm warmen Steins, der auf dem Brustbein liegt oder der Sommersonne, die auf den Bauch scheint, unterstützen diese Übung (vgl. persönliche Kommunikation, J. Rott, 04.11.2020).

(6) Die Stirnübung

Ziel der Stirnübung ist es, das Gefühl eines kühlen Kopfes zu erzeugen. Die Formel lautet: *„Die Stirn ist angenehm kühl"*. Dies hat einen belebenden Effekt auf Körper und Geist und kann zu einer Verbesserung der Konzentrations- und Leistungsfähigkeit führen. Außerdem fungiert die Stirnübung als Einstimmung auf die nachfolgende Rückkehr (Hoffmann, 2017).

Das erfrischende Gefühl kann durch die Vorstellung verstärkt werden, ein kühler Windstoß wehe über die Stirn oder ein feuchtes Tuch liege auf der Stirn (vgl. persönliche Kommunikation, J. Rott, 04.11.2020).

Zusammenfassend ist festzuhalten, dass mit der richtigen Übungsposition und dem „konzentrativen Blick" bereits positive Rahmenbedingungen für ein wirkungsvolles AT geschaffen werden können. Mit der Ruhetönung beginnt die Entspannung, welche im Anschluss durch Schwere und Wärme intensiviert wird. Langsam wird der Körper schwerer und gerät in einen tranceähnlichen Zustand, Spannungen lösen sich. Die Rythmusübungen führen tiefer in die Versenkung, welche während der wohltuenden Sonnengeflechtsübung beibehalten wird. Die nachfolgende Stirnübung wirkt erfrischend und stimmt bereits auf die Rückkehr in das Hier und Jetzt ein. Durch die Rücknahme wird der reguläre klare Bewusstseinszustand wiedererlangt.

4. Therapeutische Anwendung

Das AT hat ein breites Anwendungsspektrum. Es dient neben der allgemeinen Gesundheitsvorsorge und -förderung zur Besserung von z. B. Anspannung, Schmerzbelastungen und körperlichen Funktionsstörungen. So wird es z. B. im präventativen sowie im rehabilitativen Kontext eingesetzt (Lindemann, 2002, S. 13 f.).

In der psychologischen Arbeit findet das AT bei einer Vielzahl an psychischen sowie psychosomatischen Symptomen Anwendung. Neben dem gesundheitsfördernden Effekt von Ruhe und Entspannung auf Körper und Geist, können die mentalen Fähigkeiten verbessert werden. Außerdem kann ein förderlicher Umgang mit Stress erlernt und die Stressverträglichkeit stabilisiert werden (ebd., S 14).

In der Psychotherapie hat das AT nicht ausschließlich einen reinen Entspannungseffekt. Zusätzlich erlangen Patient*innen „Verständnis für das subjektive psychische und körperliche Erleben" (Stumm, 2011, S. 127). Die vertiefte Selbstanalyse unter dem Aspekt der Distanz und Gelassenheit ermöglicht es, versteckte Gefühle oder unbewusste Konflikte an die Oberfläche zu holen. So können Therapeut*in und Patient*in diese gemeinsam bearbeiten, was zu einer Besserung der Symptomatik führen kann (Stumm, 2011, S. 130 f.).

Mit geübten Patient*innen kann das AT in der Oberstufe als tiefenpsychologische, imaginative Methode als Zugang zum Unbewussten fungieren und sich dort bestimmten innerpsychischen Themen zugewandt werden. Oftmals entstehen im Trancezustand imaginative Assoziationen, welche mit Gefühlen und (unbewussten) Konflikten in Zusammenhang gestellt werden können (ebd., S. 131). Das AT kann sowohl in der Einzeltherapie als auch in der Gruppentherapie eingesetzt werden. Dabei sollten die Patient*innen Zuhause eigenständig trainieren, um ihre Übungserfahrung zu erweitern und in der Therapie effektivere Ergebnisse zu erzielen (Brenner, 2010, S. 19 f.).

Bei psychotischen Störungen sowie eingeschränkten geistigen Fähigkeiten wird von einer Indikation abgeraten, da sich die Rahmenbedingungen ungünstig auf den Effekt des AT auswirken können. Auch bei der Einnahme von Medikamenten sowie bei ausgewählten psychosomatischen Erkrankungen sollte eine Rücksprache mit der behandelnden Ärztin bzw. dem behandelnden Arzt erfolgen (Stumm, 2011, S. 129).

5. Ausbildungsmöglichkeiten

Es gibt verschiedene Schulungen, um die Zusatzqualifikation zum Lehrenden des AT zu erhalten. Sowohl die Dauer als auch der Umfang variieren je nach Ausbildungsanbieter. Die grundlegenden Lerninhalte sind vorgegeben. Wo Vertiefungen stattfinden, legt der Ausbilder fest. In der Regel umfasst die Ausbildung ca. 32 Unterrichtseinheiten sowie eine praktische Prüfung am Ende (Akademie für Sport und Gesundheit, 2020, S. 2 f.).

Die Lizenz kann grundsätzlich jede*r erwerben, der sich im Bereich des AT beruflich weiterbilden möchte. Es empfiehlt sich, bereits Selbsterfahrung im AT gesammelt zu haben (ebd.). Je nachdem, ob die oder der Lehrende eine Kassenzulassung besitzt, kann das AT bei der Krankenkasse eingereicht werden, welche die Kosten in Teilen oder vollkommen übernimmt (AOK Nordwest, 2021).

6. Subjektiver Selbsterfahrungsbericht

Im folgenden Kapitel wird über die persönlichen Erfahrungen mit dem AT aus Sicht der Autorin der vorliegenden Arbeit berichtet, um eine Einsicht in deren subjektiv gewonnene Erkenntnisse zu ermöglichen.

Um Selbsterfahrung im Bereich des AT zu sammeln, nahm ich Ende letzten Jahres selbst an einem AT-Seminar teil. Die ca. 90-minütigen Sitzungen fanden einmal wöchentlich über einen Zeitraum von acht Wochen via der Videokonferenzplattform Zoom statt. Die Trainerin Jacqueline Rott ist Stresscoach und hat sich auf das AT spezialisiert. An dem Seminar nahmen insgesamt acht Personen teil. Durch die Selbsterfahrung erhoffte ich mir, diese Methode genauer kennenzulernen und im Idealfall einen positiven Effekt auf meine Gesundheit feststellen zu können. Als Migränepatientin interessierte mich zusätzlich, ob sich in diesem Bereich eine Veränderung bemerkbar machen würde.

Das Seminar war so aufgebaut, dass jede Woche eine neue Übung erlernt wurde. Nachdem in der ersten Sitzung mit der Ruhetönung begonnen worden war, wurden in den darauffolgenden Sitzungen die sechs Grundübungen in ihrer entsprechenden Reihenfolge (s. Kapitel 3.3) eingeführt. So hatten wir nach sieben Seminarsitzungen die gesamte Unterstufe des AT erlernt. Zusätzlich zur praktischen Anwendung des ATs erfolgte eine theoretische Wissensvermittlung.

Da ich mir vorgenommen hatte, mich vollkommen auf dieses Experiment einzulassen, konnte ich den Sitzungen in der Regel gut folgen. War es mir aufgrund äußerer oder innerer Umstände nicht möglich, konzentriert teilzunehmen und meine Gedanken loszulassen, so empfand ich es dennoch als wohltuend, die Augen zu schließen und dem Körper etwas Ruhe zu gönnen. Da zu diesem Zeitpunkt aufgrund der Coronalage strenge Sicherheitsmaßnahmen bestanden (z. B. Kontaktbeschränkungen und Ausgangssperren), empfand ich zusätzlich die soziale Interaktion in der Gruppe sowie die strukturgebende Regelmäßigkeit der Seminarsitzungen als einen angenehmen Ausgleich.

Wie in der vorliegenden Arbeit bereits erwähnt, steigt die Effektivität des Verfahrens mit regelmäßigem Training an. Durch das Wiederholen der Formeln während der Sitzungen sowie eigenständiges Üben, bemerkte ich meine Fortschritte. Während es mir zu Beginn schwergefallen war, mich auf die Übungen einzulassen, so fand ich mit zunehmender Erfahrung immer schneller in die Versenkung.

Nachdem ich das Seminar abgeschlossen hatte, setzte ich das Üben der erlernten Kompetenzen fort. In akuten Stresssituationen habe ich das AT bisher nicht genutzt, da ich Schwierigkeiten habe, mich in einem solchen Moment aus der Situation herauszunehmen und die Übungen einzuleiten. Auch in Bezug auf die Migräne konnte ich bisher keine Auswirkungen feststellen.

Nichtsdestotrotz erachte ich das AT als gute Strategie zur Aufrechterhaltung der Gesundheit. Es hilft mir, mich nach einem anstrengenden Tag zu entspannen und meinen Geist mit meinem Körper in Einklang zu bringen. Außerdem konnte ich meine Fähigkeiten im allgemeinen Umgang mit Überspannungen verbessern. Selbst, wenn das AT teilweise nicht die gewünschten Effekte erzielt (was möglicherweise auf mangelnde Übungserfahrung zurückzuführen ist), so habe ich mir dennoch bewusst Zeit für mich selbst genommen – und das ist bereits ein positiver Effekt.

7. Schlussfolgerung

Zusammenfassend ist festzuhalten, dass das AT als Entspannungsmethode zum Stressabbau und zur allgemeinen Förderung der körperlichen und psychischen Gesundheit dient. Insbesondere geht es im AT darum, sich selbst besser kennenzulernen und das eigene Erleben und Verhalten wahrzunehmen, zu verstehen, zu reflektieren und gegebenenfalls abzuändern.

In der vorliegenden Arbeit wurde zunächst das Konstrukt Autosuggestion definiert sowie die Relevanz des Gleichgewichts zwischen Anspannung und Entspannung beschrieben. Anschließend wurde dargestellt, was unter dem AT zu verstehen ist, welche Wirkungsweisen zu beobachten sind und aus welchen Bestandteilen es sich zusammensetzt. Dabei wurde aufgezeigt, inwiefern über den Einfluss verschiedener Formelsätze ein tranceähnlicher Entspannungszustand erreicht, Stress abgebaut und das allgemeine Wohlbefinden verbessert werden kann. Weiters wurde das therapeutische Arbeiten mit dem AT angeschnitten. Hier zeigte sich, dass durch den Einsatz bestimmter Formeln ein Zugang zur Psyche gefunden und mit unbewussten Inhalten gearbeitet werden kann. Bei der Betrachtung der Ausbildungsmöglichkeiten wurde ersichtlich, dass das Angebot hier vielschichtig ist und jede*r Interessierte die Möglichkeit zur Weiterbildung im Bereich des AT hat. Dem subjektiven Bericht über die Teilnahme an einem achtwöchigen AT-Seminar konnten überwiegend positive Erfahrungen entnommen werden.

Kritisch zu betrachten ist die Vielzahl an möglichen Störfaktoren, welche während des AT auftreten und dessen Wirksamkeit beeinträchtigen können. Da das AT eine absolute Aufmerksamkeitsfokussierung verlangt, können z. B. ablenkende Gedanken, aufkommende Emotionen oder körperliche Begleiterscheinungen (z. B. Juckreiz oder Krämpfe) die Effektivität mindern (Krapf & Krapf, 2013, S. 69 f.).

Im therapeutischen Kontext könnte es sich als problematisch darstellen, dass regelmäßiges Üben erforderlich ist, um die Technik zu erlernen und die Abläufe zu festigen. Viele Betroffene von psychischen Beschwerden erhoffen sich schnelle und greifbare Hilfe und können gegebenenfalls keine Übungsmotivation aufbringen.

Es bleibt abzuwarten, wie sich das AT in die therapeutische Behandlung von Patient*innen einbindet. Beispielsweise in psychosomatischen Kliniken liegt es nahe, AT als festen Bestandteil in den Therapieplan zu integrieren.

Da Stress in der modernen Welt ein präsentes Thema ist, ist die Bedeutung des AT als selbstgesteuerte Entspannungsmethode nicht abzustreiten. Dennoch wird das Verfahren in den verbreiteten Medien wenig thematisiert. Daher könnten weitere Studien sinnvoll sein, um die Einflussfaktoren für die Masse nachvollziehbar aufzuzeigen und medial zu verbreiten. So könnten mehr Menschen auf das AT aufmerksam gemacht werden, wodurch dieses im Alltag vermehrt Anwendung finden könnte. Förderlich wäre es zudem, wenn Gesundheitsinstitute, Fitnessstudios und ähnliche Einrichtungen das AT in ihr Angebot mitaufnehmen würden.

Alles in allem ist das AT aufgrund seiner positiven Auswirkungen in unterschiedlichen Lebensbereichen als ein nützliches Interventionsverfahren einzuschätzen. Durch die Beschäftigung mit dem Selbst können bedeutsame Erkenntnisse über die eigene Person hervorgebracht werden.

9. Quellenverzeichnis

V1: Literaturquellen

- Aichinger, C. (2003). *Arbeitszeit und Subjektive Gesundheitsaspekte.* Linz.
- Akademie für Sport und Gesundheit. (2020). *Autogenes Training. Informationsunterlagen zur Ausbildung.* Radolfzell: Dr. Bergmann GmbH.
- Brenner, H. (2010). *Autogenes Training Oberstufe/Autogene Meditation.* Lengerich: Pabst Science Publisher.
- Gerring, R. (2016). *Psychologie* (20. Aufl.). Hallbergmoos: Pearson.
- Grasberger, D. (2015). *Autogenes Training.* München: GU Verlag.
- Homberger, M., Wohlers, K. (2016). *Entspann dich, Deutschland - TK-Stresstudie 2016.* Hamburg.
- Krapf, M., Krapf, G. (2013). *Autogenes Training.* Berlin: Springer.
- Lindemann, I. (2002). *Autogenes Training. Der bewährte Weg zur Entspannung.* München: Wilhelm Goldmann Verlag.
- Rauch, E. (2006). *Autosuggestion und Heilung - Wie Sie durch positive Selbstgespräche Ihre Selbstheilungskräfte stärken und wieder gesunden.* (10. Aufl.). München: PAL Verlag.
- Schultz, J. H. (2003). *Das autogene Training: konzentrative Selbstentspannung. Versuch einer klinisch-praktischen Darstellung.* Leipzig: Georg Thieme Verlag.
- Stumm, G. (2011). *Psychotherapie - Schulen und Methoden: Eine Orientierungshilfe für Theorie und Praxis* (3. Aufl.). Wien: Falter Verlag.

V2: Internetquellen

- American Psychological Association. (2020). *Autogenic Training.* Abgerufen am 16.05.2021 von https://dictionary.apa.org/autogenic-training.
- AOK Nordwest. (2021). *Entspannung durch Autogenes Training: Gesund leben mit den Kursen der AOK Nordwest.* Abgerufen am 29.05.2021 von https://www.aok.de/pk/nord west/inhalt/gesundheitskurs-entspannung-durch-autogenes-training/.
- Grote, H. (2013). *Nachweis der Wirksamkeit.* Abgerufen am 04.06.2021 von https://ents pannen-entdecken- entwickeln.de/Dokumente%20Autogenes%20Training/Nachweis%20Wirksamkeit%20 AT.pdf.
- Hoffmann, B. (2017). *Handbuch Autogenes Training: Grundlagen, Technik, Anwendung.* Abgerufen am 06.06.2021 von https://books.google.de/books?hl=de&lr=& id=E0cwDwAAQBAJ&oi=fnd&pg=PT3&dq=autogenes+training&ots=vrkvlPOScm&s ig=KjOciiYU9mVm8ydoh614uVfwp_I#v=onepage&q&f=false.

V3: Sonstige Quellen

- Rott, J. (2020). *Persönliche Kommunikation im Rahmen eines besuchten AT-Seminars.* Datum: 04.11.2020.

Anhang

A1: Wirksamkeitsnachweis Autogenes Training

Titel: Wirksamkeitsnachweis Autogenes Training

Nachweis der Wirksamkeit

Die Positive Wirkung des Autogenen Trainings wurde in mehr als 300 Studien nachgewiesen.
Nach einer Untersuchung von Brenner (2004) wurden folgende Effekte nachgewiesen:

Beschwerden	Besserung nach 2 Wochen in %	Besserung nach 4 Monaten in %	Besserung nach 1 Jahr in %
1. Reizbarkeit	63	82	88
2. Nervosität	62	84	88
3. Schlafschwierigkeiten	52	78	82
4. Muskelverspannungen	58	71	81
5. Aufsteigende Hitze	48	71	84
6. Schwindelgefühle	46	70	79
7. Zittrigkeit	52	73	88
8. Mattigkeit	50	61	77
9. Konzentrationsschwierigkeiten	39	59	81
10. Beklemmungsgefühle	53	68	89
11. Sorgen	42	69	78
12. Angstzustände	55	72	89
13. Grundloses Weinen	57	84	88
14. Kloß-Würgegefühl im Hals	63	82	88
15. Herzbeschwerden	46	63	72
16. Kreislaufbeschwerden	46	60	72
17. Verdauungsbeschwerden	24	46	70
18. Atembeschwerden	50	72	89

Auflistung der Studienergebnisse nach Brenner, 2004 (Grote, 2013)